Los Ángeles y tú

Alexandra Kitchen

Los Ángeles y tú

EDITORIAL ÉPOCA, S.A. DE C.V.
Emperadores No. 185
Col. Portales
C.P. 03300-México, D.F.

Los Ángeles y tú

Alexandra Kitchen

© Derechos reservados 2003
© Por Editorial Época, S.A. de C.V.
  Emperadores No. 185
  C.P. 03300-México, D.F.

  ISBN-970-6272-46-6

Impreso en México - *Printed in Mexico*

Introducción

La palabra Ángel proviene del latín *angelum*, su sola mención nos lleva a imaginar un ser sobrenatural con instintos bondadosos, el significado que le da la Biblia es *mensajero*. Ésta hace mención en Génesis 16 del primer Ángel como mensajero enviado por Dios a Hagar, para anunciarle el nacimiento de su hijo Ismael.

Tenemos referencias de Ángeles que posiblemente fueron tomadas de los mensajeros sobrenaturales de los dioses hititas y cananeos, que no coinciden con el concepto de seres alados y buenos tan popular en nuestra época.

Los Ángeles que se mencionan en el Antiguo y Nuevo Testamento eran tan parecidos a los humanos, que muchas veces se confundían entre ellos. Uno de éstos era Gabriel, quien fue el Ángel mensajero que Dios envió a Daniel para que le ayudara a interpretar sus sueños, éste tenía apariencia humana y no se reconocía como Ángel, excepto por algunas personas que lo llegaron a ver en el momento de emprender un ligero vuelo. Algunas veces el resplandor que emanaba de su contorno era lo que delataba su naturaleza celestial, pero en otras ocasiones ese resplandor sólo se presentaba al término de una visita al mundo.

Estamos seguros de que los Ángeles pertenecen a una corriente evolutiva muy distinta a la nuestra, se dice que eran humanos en una encarnación previa de la Tierra, llamada Periodo Lunar. La constitución de su cuerpo está hecha de éter y por esto es más denso; son los seres apropiados para dar instrucción al hombre.

Además, siempre están dispuestos a ayudar, y como también habitan en el mundo del pensamiento, se trasladan con una rapidez casi instantánea. Se encuentran en su espalda unos rayos de luz los cuales salen desde su corazón y semejan alas. Estos seres son de luz que evolucionan mediante el servicio que prestan a la humanidad.

A los Ángeles se les conoce en innumerables religiones como el Islamismo, Cristianismo, Judaísmo, Hinduismo, Zoroastrismo, etc., y en todas se hace mención de que se encuentran siempre cerca de nosotros para ayudarnos, pues esa es su tarea principal, los Ángeles existen desde el principio de los tiempos, ya que también fueron creados por Dios para servirle a él y para hacer el bien a toda la humanidad. Dios los utiliza, además, como mensajeros para dar a conocer su palabra a los hombres, comunicándoles a éstos sus deseos y decisiones. Sabemos que los Ángeles dedican gran parte de sus obras para alabar a Dios, obedeciéndolo en todo porque también es su principal interés.

Los Ángeles pueden ser portadores del castigo divino cuando el hombre se aparta del camino correcto, ya que tienen el poder y la sabiduría para hacerlo. Se cree que están repartidos en diferentes zonas geográficas y que cada uno de ellos cuida o resguarda la que le corresponde.

Algo muy importante que debemos tomar en cuenta y considerar muy detenidamente, es el hecho de que los Ángeles saben bien que entre nosotros se encuentra el mal, que está siempre procurando extraviarnos del camino recto que Dios nos indica. Este mal está representado por Ángeles que decidieron seguir a Satanás y dar la espalda a Dios, con la creencia de que ellos podrían gobernar a la humanidad, y de alguna manera lo han hecho, pues ellos tienen poder y es por medio de engaños como hacen perder al hombre la perspectiva de vida que desde un principio Dios puso delante de él.

Capítulo 1

La humanidad es instruida por los Ángeles

El Arcángel Jofiel es el instructor principal de la humanidad; sus legiones de Ángeles nos enseñan diariamente, además de que despiertan nuestra inteligencia para que tengamos la capacidad de estar en sintonía con la mente universal de Dios.

Los Ángeles tienen tal facilidad de entrar en nuestros pensamientos, que ni siquiera nos damos cuenta de ello, un ejemplo de esto son aquellas ocasiones en las que decimos, "creo que tengo una idea para esto", y para nosotros no significa otra cosa más que el conocimiento que tenemos de pensar que las ideas que se nos ocurren son nuestras, sin embargo es como si nuestro cerebro perteneciera a otra persona y nosotros pudiéramos analizarlo desde fuera. Sería bueno poder ver el momento preciso en que a la mente se le ocurre una idea; es como esos instantes en que tenemos la cabeza en blanco acerca de cómo solucionar algo y, de repente, como una chispa, ahí está la idea.

Nosotros hemos inventado a lo largo del tiempo las cosas que necesitamos para facilitarnos la vida, son ideas que se les han ocurrido a algunas personas, es parte de la mente de Dios, nuestro cerebro es un magnífico instrumento, como el sistema nervioso central, el subconsciente, el inconsciente, los chakras, todos éstos son sólo elementos que sirven de receptores de la inteligencia de Dios.

Alguna vez nos hemos preguntado: ¿realmente todas las ideas que se nos ocurren provienen de nuestra mente o tal vez la gran mayoría, si no es que todas, vienen, mejor dicho, de la inteligencia superior de Dios? No podemos siquiera imaginar lo grande de la benevolencia de Dios para con nosotros y lo insignificantes que somos a su lado, por ser tan pequeños todas estas cosas no pueden proceder de nosotros sino que es un regalo del Padre Celestial que nos hace todos los días de nuestra vida.

Cuando los Ángeles del segundo rayo (los de la sabiduría y la iluminación) trabajan con nosotros, intentan unirnos por completo al yo superior, para que la presencia de Cristo deje de estar por encima de nosotros y se pueda integrar aquí abajo, sabemos bien que Jesucristo fue el hijo de Dios, él nos dio el ejemplo a seguir y el modelo que todos podemos lograr, por tanto, lo que debemos hacer es tener la capacidad de estar en contacto con la sabiduría universal de Dios, que es lo que nos interesa realmente.

La ignorancia de la humanidad

La falta de conocimiento nos trae como consecuencia muchos sufrimientos innecesarios, el trabajo primordial de los Ángeles del segundo rayo es rescatarnos de la ignorancia que tenemos acerca de las leyes de Dios, algunos sabios han definido a ésta como la ceguera acerca de la verdadera naturaleza del yo real y del yo irreal.

Gautama, el buda, explicaba que el ignorar nuestra verdadera naturaleza, nos trae como consecuencia muchos sinsabores y es la razón por la que seguimos regresando a la Tierra, por la que seguimos reencarnando. El hinduismo nos da a saber que esta ignorancia es la base de todo el dolor y que éste desgraciadamente no se disipará hasta que hayamos logrado acabar con ella.

Sólo hasta que recibimos un poco de iluminación o de instrucción nos damos cuenta cuán ignorantes somos, cada que avancemos en nuestro aprendizaje, será como dar pasos hacia adelante, y cada vez que miremos atrás nos daremos cuenta que también el día anterior fuimos ignorantes respecto del siguiente, es como si Dios nos diera una demostración diaria de cómo es la instrucción tocante a su sabiduría, y cuál es la del hombre respecto de la suya.

Hemos dicho ya que la ignorancia es la causa del sufrimiento del hombre, y éste no se acabará hasta que la disipemos, lo cual no sabremos a ciencia cierta que la hemos eliminado por entero, hasta que nos examinemos desde el punto de vista de nuestra propia iluminación, esto lo comprendemos cuando logramos entender que nuestro verdadero yo es el Brahmán.

Aprendemos por medio de las escrituras hindúes que en nuestro corazón reside el Atmán, que es como Dios en miniatura, o el Brahmán. Cuando pensamos en el yo real creemos que está por encima de nosotros inalcanzable, pero no es así, lo tenemos más cerca de lo que suponemos, también dentro de nuestro corazón se encuentra una llama *trina*, una Presencia y allí escuchamos a la voz de esa presencia interna. Recordemos que Cristo no es una palabra cristiana; más bien proviene de una palabra griega la cual significa "ungido", alguien que ha sido ungido con luz dentro de nosotros es nuestro verdadero yo.

Esta es una manera de entrar en contacto con nuestro yo superior, de entender la verdad de que Dios está en la persona de Atmán, en la persona del yo cristiano, está dentro de nosotros y representa nuestro punto de realidad.

Capítulo 2

Cualidades necesarias
para ser un Ángel

Alguna vez nos hemos llegado a preguntar ¿qué se necesita para ser un Ángel?, ¿qué debemos hacer para poder participar en esta obra tan hermosa?

En sí no hay misterio con respecto a las cualidades que debemos reunir si queremos aspirar a ser un Ángel; más bien la dificultad no es saber cuáles son las cualidades que necesitamos, sino aplicarlas en nuestra vida.

Mente dócil

Una mente dócil es requisito primordial para reconocer la tarea tan grande que los Maestros nos encomiendan, y que debe ser la ocupación primordial de nuestras vidas. Tenemos que saber distinguir no sólo cuáles son las tareas útiles y las que no, sino diferenciar las tareas provechosas, para que nos dediquemos a trabajar con la más elevada que seamos capaces de realizar sin perder tiempo.

Si queremos ser elegidos para tareas en planos altos, debemos hacer lo que podamos en lo que concierne a la tarea definida aquí en la Tierra por los Maestros.

De ninguna manera debemos descuidar los deberes que tenemos en nuestra vida, no olvidemos aquéllos a los que estamos obligados kármicamente. Si no cumplimos nuestros deberes impuestos por el karma, no podremos llevar a cabo tampoco la elevada tarea, que es el único objeto digno de la vida consagrada al servicio de los Maestros.

Dominio de sí mismo

Para que se nos puedan confiar los poderes astrales, debemos tener un dominio sobre nosotros mismos, controlando nuestro temperamento para que nada de lo que pase a nuestro alrededor provoque nuestra molestia, pues traería consecuencias mayores que las que comúnmente pasan en el plano físico. El poder del pensamiento es enorme, pero en la Tierra está reducido y amortiguado por las partículas cerebrales que lo ponen en movimiento.

En el mundo astral, ese poder es más libre y poderoso, y si ahí nos dejáramos llevar por el odio o la cólera, podríamos ocasionar un grave y fatal daño. Debemos dominar nuestro carácter impulsivo, así como el nerviosismo, esto con el fin de que ninguna de las extraordinarias visiones que experimentemos, quebrante nuestro valor. Tomemos en cuenta que el Ángel que nos despierta en el plano astral, tiene algo de responsabilidad sobre nuestras acciones y vela por nuestra seguridad, de manera que si no tenemos el valor de estar solos, tendrá que acompañarnos gran parte del tiempo y protegernos, lo que sería un inconveniente.

Para poder tener este dominio de nervios y saber si podemos realizar el trabajo que nos han confiado, tenemos que ser sometidos a sufrir las pruebas de la tierra, del agua, del aire y del fuego. Dicho de otra manera, debemos saber con certeza que este dominio no llega teóricamente, sino que necesitamos de práctica. Tomemos en cuenta que en nuestro cuerpo astral, los elementos físicos no pueden afectarnos ni ser obstáculo para poder realizar las tareas que nos han encomendado.

Sabemos que a nuestro cuerpo físico, el fuego puede quemarlo y el agua ahogarlo, y que las montañas y rocas representan un obstáculo en nuestro avance; que no podemos lanzarnos al vacío porque nos estrellaríamos contra el suelo.

Este conocimiento está tan profundamente arraigado en nosotros, que a la mayoría nos cuesta mucho trabajo sobreponernos a la negación instintiva que de esto sigue, y convencernos que al cuerpo astral no lo detienen estos elementos físicos, con esto perfectamente dominado y en mente ahora sí podemos lanzarnos sin temor de las más altas montañas, introducirnos en las entrañas de un volcán o en los abismos del océano.

De esta manera, cuando asimilamos esto a la perfección para poder actuar con conocimiento de causa, será algo muy útil para las tareas astrales, ya que los problemas que se producen en este plano nos paralizarían constantemente con imaginarias impotencias.

Después de pasar por estas pruebas y algunas extrañas experiencias, enfrentemos con tranquilidad las más espantosas apariciones y los más repugnantes ambientes, demostrando con ello, que no tenemos temor que afecte nuestros nervios sin importar las circunstancias con las que nos topemos.

Necesitamos, también, *dominio de pensamientos*, porque sin esto, la concentración sería difícil de llevar a cabo, así como una buena tarea entre las diferentes corrientes del plano astral; además, *dominio de deseos*, porque en ese mundo tan extraño, desear es querer poseer algo, y a menos que tengamos bien dominada esta situación, no podriamos salir avantes ya que estamos expuestos a tener encuentros con creaciones de nuestro deseo, las cuales nos ocasionarían una profunda vergüenza si sucumbiéramos a ellas.

Tranquilidad

Es importante no experimentar desaliento o depresión de ánimo, ya que las tareas asignadas consisten en dar fortaleza a los afligidos y consolar a los deprimidos; y nosotros, ¿cómo podríamos hacer esto bien, si tenemos habitando dentro de nuestro ser la conturbación, el abatimiento o la melancolía y el desaliento? No existe algo más fatal para el progreso y la utilidad, que el dejarnos abatir por estas cuestiones, gastando nuestra vida haciendo tormentas en un vaso con agua, encaminándonos a nuestra propia miseria.

Más allá de este estado de abatimiento y desánimo; debemos adquirir ideas de orden cósmico, comprender que el ver todo con optimismo nos hace estar más cerca del pensamiento divino y de la verdad, pues sólo lo bueno y lo hermoso tienen posibilidad de ser permanentes mientras que lo malo tiende a ser transitorio por su propia naturaleza.

Por tanto, los que aprendamos a permanecer en calma, podremos combinar la serenidad que emana de la certeza de que cualquier aspiración que tengamos de algo la podremos cumplir.

Sabiduría

Para poder ser útil en este plano, debemos por lo menos tener un mínimo de conocimiento acerca de la naturaleza del lugar en que vamos a actuar, de esto dependerá qué tan útiles podamos ser, de acuerdo con cuánta sabiduría tengamos.

Debemos estudiar con sumo cuidado todo lo que encontremos en la literatura respecto a esta ciencia, sin esperar que alguien nos lo pueda explicar, ya que esto es de nuestro interés y como tal debemos dedicarle tiempo, el cual no le quitaremos a los demás.

Tenemos que ser estudiantes ansiosos de aprender en el plano físico, porque de esta manera podremos ser considerados candidatos para desarrollar las tareas en el plano astral.

Amor

Es la mayor de las cualidades, pero a la vez la menos comprendida, no es el presuntuoso sentimiento que está presente en las vagas vulgaridades del hombre, el cual lo mantiene discreto por temor a que lo tachen de ser demasiado cursi.

Debemos tener ese amor fuerte que nos ayuda a no caer en la jactancia, y desarrollar el deseo de poder ser útil y prestar ayuda siempre que se requiera, aunque ésta sea muchas veces en una forma anónima. Ese sentimiento que nace del corazón de quien conoce la gran obra de Dios, que cuando la ha visto una vez, se convence de que no hay otro objetivo más que identificarse con ella en el mayor grado posible y que le permita ser un pequeño camino en ese amor divino que escapa de la comprensión humana.

Todas estas cualidades son las que debemos alcanzar antes de ser Ángeles, esperando sólo que el ser supremo que está detrás de nosotros, nos diga cuando estamos aptos para poder desempeñar este papel.

Es fácil encontrar a alguien que pueda llevar a cabo una acción de buena voluntad, cuando se encuentra fuera de su cuerpo mientras duerme, nuestra condición cuando dormimos es una especie de absorción en pensamiento, es como, por así decirlo, una continuación de nuestros pensamientos durante el sueño, sobre todo, aquéllos que han sido primordiales en el transcurso del día y que estaban presentes en el momento de irnos a dormir. Por ejemplo, si tuvimos como pensamiento constante durante toda la tarde el prestar ayuda a una persona a la que vimos necesitarla de verdad, cuando nuestra alma esté fuera del cuerpo, acudirá en su ayuda y podrá auxiliarla, si la persona a la que se le brindó esta ayuda se encuentra en un estado de conciencia plena, podrá ver el cuerpo astral que se acercó a ella para confortarla.

Algo muy importante es que no sintamos tristeza si en algún momento no podemos participar de esta obra tan gloriosa, estaríamos equivocados si pensáramos así, pues el que tiene la capacidad de pensar también la tiene para ayudar, y no necesariamente se pueden hacer estas obras durante el sueño, cualquiera de nosotros puede tener algún conocido que esté pasando por momentos difíciles y siempre será bueno que les enviemos pensamientos llenos de amor y deseos de recuperación, teniendo la plena seguridad de que les llegarán con la fuerza suficiente para reconfortarlos.

Debemos creer fuertemente en que los pensamientos son algo real y visible como el que tenemos ojos y que por ellos podemos ver. Así, tanto una persona con mucho dinero, como una que no tiene nada, logran cosas buenas en el mundo con sólo enviar un pensamiento de buena voluntad a la humanidad. Con esto podemos estar seguros que seamos o no parte en el plano astral, podemos colaborar siempre que queramos al lado de los Ángeles.

Cuando llegemos a sentir el anhelo de pertenecer a la fraternidad de Ángeles y trabajar en conjunto con ellos, siendo dirigidos por los Maestros de la sabiduría, debemos llevar un plan de perfeccionamiento constante, que nos permita ver con determinación que no debemos buscar ser aptos para esta rama del servicio sino que estaremos resueltos, más bien, a seguir el camino que los Ángeles nos enseñen para lograr de esta manera conseguir lo que ellos pudieron alcanzar; no dejemos que este deseo que tenemos de auxiliar a los demás se quede sólo en el plano astral, debemos extenderlo a niveles más altos.

Hace mucho tiempo el sendero de este camino se trazó mediante la sabiduría de aquéllos mismos que lo recorrieron con anterioridad, es un sendero de perfección que tarde o temprano todos debemos recorrer, ya sea en estos momentos por nuestra propia voluntad o cuando, después de haber pasado muchas vidas y muchos sufrimientos, la lenta, pero irremediable fuerza de la evolución, nos lleve por este sendero.

Si somos prudentes estaremos ansiosos hoy de recorrer ese camino sin la menor tardanza, siempre mirando la meta a la que llegaremos sin duda, no sintiendo temor ni tristeza, y de esta manera al mismo tiempo que transformamos nuestra realidad estaremos en posibilidad de ayudar a otros a obtener la confianza y la felicidad que tanto añoran.

Capítulo 3

Caminando de la mano
con los Ángeles

Los Ángeles se encuentran entre nosotros en todo momento, incluso se puede decir que están siempre a nuestro lado, al grado de creer ciegamente que caminan junto a nosotros, duermen con nosotros, que ni un solo momento se nos apartan y la manera que tienen de actuar es mediante sugestiones de buenos pensamientos pero éstos hacen efecto sólo entre personas que están dispuestas a recibirlos, con una mente abierta y receptiva.

Podríamos creer que para un Ángel es muy fácil tener control sobre nuestro intelecto, esto es, haciendo que pensemos cualquier cosa que ellos quieran sin que sospechemos de que se trata de alguna extraña influencia. Esto es enteramente inadmisible, pues sólo puede influir el buen pensamiento en nuestra mente como si fuera uno más de nuestros pensamientos. Ya que depende de cada uno si queremos apropiarlos, tomarlos y llevarlos a cabo. Si de otra cosa se tratara, todo el mérito sería para el Ángel, porque entonces se entendería que nosotros sólo fuimos el conducto por el cual éste realizó su buena obra del día, y lo que se pretende es que seamos un agente de cambio para mejorar el mundo en general.

La protección que nos brindan tiene variadas características y fines, cuando nos encontramos en momentos de aflicción o pena hacen un esfuerzo muy grande por darnos el consuelo y para conducirnos hacia la verdad, si meditamos sobre algún problema específico ya sea espiritual o metafísico, ellos nos inspiran la respuesta sin que nos demos cuenta de que la ayuda proviene de ellos.

Con mucha frecuencia podemos ser usados como conductos de una respuesta a una plegaria, pues un gran deseo espiritual encuentra su expresión en la súplica, que es en sí una fuerza que inmediatamente produce resultados, y ese esfuerzo espiritual lleva una influencia del poder de Dios; en esas ocasiones el Ángel puede, a su voluntad, abrir el canal por donde derramar su energía. Estas súplicas también se cuentan entre las meditaciones que se sostienen por largos períodos.

Existen también otros procedimientos de protección que muy pocos recibimos, algunas ocasiones los Ángeles, con toda la intención, sugieren verdaderas y hermosas ideas a artistas como pueden ser escultores, músicos, poetas, escritores, etc., para ello hay una clase específica de Ángeles.

Desgraciadamente no es frecuente que los Ángeles puedan prevenirnos del peligro que enfrentamos cuando vamos por el camino del progreso moral y espiritual, o apartarnos de las maléficas influencias de alguna persona que conjura las maquinaciones de la magia negra. Sin embargo, debemos confiar en que ellos nos pueden ayudar a salir del apuro.

Es poco común que las personas que son ajenas al círculo de estudiantes del ocultismo tengan instrucciones sobre las verdades de la naturaleza, pero algunas ocasiones se hace una excepción respecto a este punto, y es que se representen en la mente de los oradores y maestros muchas ideas muy amplias y un punto de vista más abierto, para que no caigan en desacuerdos abruptos con respecto a alguna idea que se hubiera tratado con anterioridad de diferente manera entre ellos.

De alguna manera los Ángeles ayudan a los estudiantes que avanzan por el sendero de la verdad para que alcancen una esfera más amplia de utilidad. Para que no sólo protejan a individuos sino también a clases, naciones y razas enteras, viéndose estimulados por una participación más elevada e importante en las tareas de los Adeptos. Mientras más fuerza y conocimientos adquieran los estudiantes, éstos manejarán los dones de la luz astral con más claridad, haciendo el mejor uso de cada influencia cíclica favorable, todo esto con la excelente ayuda de los Ángeles que caminan al lado de ellos.

El estudiante se pone en contacto con los que en ocasiones son simbolizados como piedras del muro protector, aprendiendo cómo están colocadas aquellas fuerzas que son el fruto de su sacrificio. Así éste se eleva de forma gradual a las alturas más excelsas hasta convertirse al fin en un Adepto, siendo capaz de asumir su parte de responsabilidad que involucra a los maestros de la sabiduría, llegando de esta manera a poder auxiliar a otros en el camino que él ya recorrió siempre con la ayuda de los Ángeles.

Capítulo 4

Serafines y Querubines

Serafines

Hablaremos primero de los serafines. Un estudio de la metafísica realizado para este propósito, demostró que son algo así como una jerarquía de seres que despertaron en el espíritu del humano el ego, durante el Periodo Lunar, estos seres representan el fuego divino y son los encargados de infundir y penetrar en los humanos el sentimiento del amor de Dios. Los serafines están regidos y actúan bajo la dirección del creador.

Los encontramos entre los espíritus puros que están más cerca de Dios, esto es en el primer coro celestial. Los serafines se distinguen por tener mucha dedicación y poner mucho empeño a las cosas divinas, también se les reconoce el amor que dedican al padre celestial cuando elevan su presencia a los espíritus inferiores.

Aquí encontramos un punto muy interesante; y es el que podemos representarlos como ayudantes de Jehová, porque sirvieron a Él en una ocasión en que tuvieron que preparar a su profeta para que pudiera recibir la palabra del Creador, y éste la difundiera entre su pueblo.

El dato, interesante, es que estos serafines están dotados de seis alas cada uno y siempre se encuentran junto a Jehová, alabándolo y a su servicio.

Se piensa que estos seres tienen poder suficiente para infundir el bien como ninguna otra criatura celestial por encontrarse directamente relacionados con la bondad divina de Dios.

Es curioso ¿por qué en las Santas Escrituras sólo encontramos un hecho en donde se recoge una sola intervención de los serafines? Y seguramente esto se debe a que es tal su majestuosidad, que sus obras santas no le son reservadas para el hombre, salvo en algunas ocasiones verdaderamente excepcionales.

Podemos encontrar esta intervención que tuvieron los serafines en el libro de Isaías en el Antiguo Testamento, la cual, como mencionamos antes, fue la única que se ha registrado de ellos.

Querubines

Esta palabra proviene del hebreo *kerub*. Original-
mente se designaba con ese nombre a unas figuras de
toros alados con cabeza humana y que estaban en la
entrada de los templos asirios para decorarla y res-
guardarla.

Para los asirios el ponerlos representados de
esa manera en la entrada de sus templos, significaba
que creían que así podían evitar que se introdujeran a
ellos los espíritus representantes del mal y de la oscu-
ridad.

Los judíos recogieron esta creencia y convir-
tieron a los querubines en guardianes alados pero además de una enorme belleza por ser seres espirituales y
encontrarse en la presencia de Dios. A ellos les tenían
la encomienda de custodiar los lugares sagrados, con
esto también creemos que no tienen otra función aquí
en la Tierra sólo la de ser portadores y mensajeros di-
vinos de los Ángeles y los Arcángeles, con esto enten-
demos que no se presentan ante el hombre ni mucho
menos le sirven de guía.

Los querubines son Ángeles con un prestigio muy alto
dentro de la corte celestial, éstos permanecen muy

cerca de Dios y tienen funciones específicas en los cielos.

Durante el Periodo Solar se encargaron de despertar en el hombre el espíritu de la vida. Tienen la encomienda ahora de reforzar la inteligencia en los seres humanos y el deber de cuidar y guardar todo lo que Dios les mande. Se les ha encomendado, como uno de los principales deberes, mantener la conciencia del hombre despierta en las raíces de Dios. Se mueven bajo la dirección del rayo dorado.

Gozan del privilegio de pertenecer también al primer coro celestial y tener la característica de conservar la plenitud con la que contemplan la belleza de la naturaleza divina.

Capítulo 5

La llama violeta

El Arcángel Zadkiel dijo: si la humanidad fuera capaz de aceptar la llama violeta transmutadora, la mayoría de sus problemas se desvanecerían literalmente, continuó: ¿cómo espera encontrar su libertad, si se encuentra en medio de la vanidad humana, cuando todo el mundo se parece a un gran desván en el que han acumulado a lo largo del tiempo pensamientos y sentimientos discordantes? Esta energía aprisionada debe encontrar la libertad mediante el poder de la llama violeta, y los hombres tienen que abrir sus conciencias y sus chakras para que la luz de Dios se expanda, y dejar de darle poder a lo que los ata y que nunca les dará su libertad. La llama violeta es un regalo de Dios al universo.

Ésta es una llama física; de entre todas las llamas es la que está más cerca en acción vibratoria de los elementos químicos y los compuestos de la Tierra,

la llama violeta se puede combinar con cualquier áto-
mo o molécula, partícula de la materia, electrón u onda
de luz. Es el antídoto supremo para el envenenamien-
to, los residuos químicos, toxinas y drogas que conta-
minan nuestros cuerpos. También es conciderada como
un elixir que podemos absorber.

Cuando se reúnen los estudiantes de los maestros ascendidos para invocar a la llama violeta, se produce una mejoría inmediata en las condiciones físicas.

Mediante la conciencia del Espíritu Santo, la
Luz del Cristo se refracta para ser usada por la humanidad aquí en la Tierra. Esta luz representa la fuerza
concentrada y activadora de Dios, teniendo un color y
una frecuencia específicos. Se manifiesta como una
llama del mismo color y vibración y cuando la aplica-
mos da como resultado una acción específica de una
cualidad del Cristo en nuestro cuerpo, alma, mente y
corazón. Cada que invocamos la llama violeta con amor
y entregamos las condiciones indeseadas y adversas a
ésta, el fuego comienza inmediatamente el trabajo para
quemar partículas de sustancia que forman parte de la
acumulación de miles de encarnaciones. Durante muchas vidas hemos acumulado la discordia humana, en
las que, sin nosotros saberlo, permitimos que se re-
gistraran en nuestra conciencia mediante nuestra aten-

ción, pensamientos y sentimientos, palabras y acciones, todas las condiciones degradantes que la raza humana a heredado.

No nos hemos dado cuenta de lo pesado que es nuestro cuerpo como resultado de nuestra conciencia humana, y sin darnos cuenta de lo ligero que podríamos ser y lo mucho que podríamos prolongar nuestra vida si usáramos la llama violeta.

Pensamientos y sentimientos penetrantes llenan los espacios vacios en nuestra mente. Cuando calificamos mal la energía de Dios, la cual fluye hacia nosotros incesantemente a través de nuestro cordón cristalino, ésta puede endurecerse o hacerse débil, además de causar terquedad mental, dureza de corazón, falta de sensibilidad y crear una masa densa alrededor de nuestros chakras, que impida al alma recibir los comunicados del Espíritu Santo. Cuando usamos la acción purificadora de la llama violeta, estamos acelerando la conciencia hacia el nivel de nuestro Ser Supremo. Asimismo nuestro cuerpo mental es limpiado por la llama violeta. Ésta resplandece y renueva las células de nuestra mente y cuerpo todos los días de nuestra vida y es, sencillamente eso, la solución a la contaminación de nuestro cuerpo físico y mental.

Beneficios de la llama violeta

La llama violeta está cerca de la vibración física de nuestros cuerpos, es la llama que usamos para crear milagros, si empezamos a usarla y a invocarla diariamente, comenzaremos a ver milagros en nuestra vida. Entenderemos que existe una ciencia detrás de todo esto que no habíamos probado o entendido; aún así, el uso de la llama violeta produce un efecto en la química de nuestro ser.

El arcángel Zadkiel nos dice: "el mayor paso que podemos dar para nuestro progreso personal es el uso constante de la llama violeta", no explica porqué, pero nos dice que continuemos haciéndolo todos los días ya que podremos tener resultados formidables.

Un estudiante tuvo pruebas del poder transformador de la llama violeta, él dice: "la llama violeta me curó. Durante mucho tiempo había estado en tratamientos con psicólogos, éstos me ayudaron a ver el motivo de mis problemas pero ¿cómo los podía cambiar?, fue ahí cuando encontré la ciencia de la palabra hablada. Todos los días me dediqué a recitar decretos de llama violeta y funcionó, esa llama poderosa entró en mí y disolvió resentimientos profundos que ni siquiera yo sabía que tenía, hasta que los vi entrar en la llama y desaparecer por completo, gracias a la llama violeta estoy sano y tengo vigor, confío en ella todos los días de mi vida".

Otro estudiante dijo también: "cuando invoco la llama violeta, comienzo a sentirme más centrado y despejado. Si tengo dudas sobre quién soy o cómo debo afrontar una situación difícil, la fuerza de la llama violeta ilumina mi mente y me ayuda a tomar decisiones correctas, también desaparecen los conflictos en mis emociones".

A algunas personas, el uso de la llama violeta les ha permitido obtener una cantidad muy grande de karma; en otros, la dureza de su alma se ha ido de su chakra del corazón. Si quitamos de nuestra dieta las carnes rojas y productos lácteos, se acelerará el reblandecimiento de nuestro corazón. Estas personas han descubierto en ellas un amor diferente, una compasión más profunda, una sensibilidad hacia la vida completa, una libertad más grande, una alegría que da el ir en pos de esa libertad. Donde hay un dar y un recibir, la llama violeta está y también se utiliza para asistir en las relaciones de familia.

La llama violeta nos libera para poder saldar viejas deudas perdonar ofensas que en el pasado nos han

hecho, y para poder situarnos en el camino que va hacia la libertad espiritual final. Es interminable la lista
de beneficios que la llama violeta nos proporciona, su
alquimia dentro de nuestra personalidad es inmen-
samente extensa. Esta llama se dirige principalmente a
las divisiones que comúnmente son la raíz de los problemas que traemos desde la infancia o de nuestras
vidas pasadas, incluso aquellos surcos que se han esta-
blecido en nuestra conciencia tan profundos por su
sutileza que no ha sido posible eliminarlos vida tras
vida, aunque la llama es muy eficaz tratándose de problemas psicológicos, no podemos, de ninguna manera,
sustituir la ayuda de un profesional en la materia, la
llama violeta lo que hace en estos casos es facili-
tar la curación.

Capítulo 6

Existen los milagros

Primero, nosotros podemos hacer milagros, sí milagros de buena voluntad e incluso cambiar el rumbo de las cosas malas, sólo es cuestión de tener *fe* en el poder que los Arcángeles tienen para producir cambios. Nuestra aura debe relucir de fe en Dios, en Cristo, en el amor que él ha puesto en nuestro corazón, fe en que los Ángeles responderán a nuestro llamado, no siempre como creemos que debería ser, pero con la seguridad de que lo harán.

Segundo, para poder hacer milagros que cambien el rumbo del Mundo, debemos ser muy *explícitos* en nuestras peticiones, esto es importante.

Sabemos que el Mundo está lleno de injusticias, y debemos tener cuidado en no malgastar nuestras fuerzas en hacer peticiones que estén llenas de frivolidad y vacío espiritual. Mejor examinemos la escena mundial y elijamos una causa que merezca la pena que luchemos por ella, ahora dirijamos nuestra energía hacia eso. Por ejemplo, podemos ayudar a la gente que no sabe leer ni escribir, ya que ésta no puede aspirar a ejercer una profesión ni puede llegar a tener un conocimiento espiritual o a incrementar la conciencia de su ser.

Tomando en cuenta esos puntos, trabajemos en ellos incansablemente con nuestras meditaciones, participemos activamente en grupos para ayudar a esa comunidad que lo necesita, este grupo debe tener como objetivo esa misma causa en la que estamos interesados. Ayudando a todas esas personas maravillosas que se esfuerzan por superarse pero que no conocen el poder, ni la ciencia de los decretos. En la reunión con los grupos, hagamos nuestro trabajo, y seremos testigos de las cosas que sucederán cuando contribuyamos con lo que mejor sabemos hacer, invocar la llama violeta.

Tercero, es lo que logramos cuando *enviamos descargas* de llama violeta. El Arcángel Zadkiel nos dice: "en respuesta a su petición enviamos descargas de llama violeta", esto es como una ráfaga espiritual de fuego violeta, comprimido y con tanta intensidad que puede con-

sumir muchas de las obras malignas de los Ángeles caí-
dos, necesitamos comprometernos seriamente y tener
una autodisciplina diaria, para que en un momento de
necesidad estemos prevenidos y podamos pedir que estas ráfagas penetren a la Tierra y salven a la gente. Con
la ayuda de Dios todo se puede.

Cuarto, debemos *saturar* nuestra aura de la llama violeta, esto es muy importante. Pensemos que
nuestra aura es como una fuente de la cual brota la
llama y podamos darla de beber a todas las personas
que nos encontremos a nuestro paso. Debemos tener
siempre disponible esa llama para los necesitados.

Cuando nos encontremos en medio de una vo-
rágine sería tarde querer acumular la llama violeta dentro de nosotros en esos momentos, la necesitamos al-
macenada y lista para hacer uso de ella en cualquier
momento.

Muchos adeptos de todas las eras como son:
Jesús, Henoc, Elías, etc., usaron la alquimia de la llama violeta para realizar curaciones y milagros, profe-
cías y juicios que además eran las señales de su veni-
da. Ellos saturaron sus auras de esta llama, la cual fue
y es el medio por el que se ha sostenido el equilibrio
del karma mundial.

Jesucristo llevó los pecados del mundo y nos enseña que el sendero para llegar a alcanzar una vida nueva lo tenemos ante nosotros sólo hace falta la llama violeta la cual nos ayuda para sobrellevar el peso de nuestro propio karma.

Jesús no nos evita el que podamos pecar de nueva cuenta, sólo nos dio el perdón para que pudiéramos vivir otra vez, reencarnar para saldar ese karma, pero la cristiandad tiene una equivocada idea respecto a Jesús, pues dice que nosotros no tenemos nada que hacer más que aceptar que él es nuestro Señor y Salvador, y que de esa manera iremos al cielo, por tanto, la reencarnación, en las enseñanzas cristianas de la actualidad, no existe.

La verdad está en las Escrituras, todo hombre debe llevar su propia carga, la Biblia menciona que esa carga es la de nuestro propio karma. La vida es ahora más difícil, tenemos que trabajar muy duro para poder sobrevivir, por eso necesitamos la ayuda de la llama violeta y tener nuestra aura cargada de ella.

Justo en el instante en que necesitamos que ocurra un milagro, lo podremos hacer mediante la llama violeta que está en nuestra propia aura. Asegurémonos de que tenemos suficiente y lo necesario para cualquier momento de crisis.

Quinto, lo que también debemos hacer es *comprometernos* con relación a todas y cada una de las injusticias que existen en nuestra comunidad, nosotros somos la puerta abierta a través de la cual la llama violeta entra a la Tierra. La puerta abierta a la Luz somos nosotros, tenemos el poder de la palabra hablada para decretar, demostrar y reclamar.

Debemos ocupar el lugar de protectores en donde la vida esté amenazada o comprometida, ya que somos la puerta abierta para la seguridad y la salvación de todo nuestro planeta.

Capítulo 7

Conozcamos a algunos Ángeles

Ángeles de la salud

Estos ángeles generalmente forman una legión y están gobernados por el Arcángel Rafael, contienen una amplia gama de facultades y poderes, aunque para invocarlos no sólo se necesita decir unas palabras, tenemos que pensar en ellos con intensidad y expresar nuestro deseo de curación muchas veces, todas las que sean necesarias.

Ángeles de la alegría

Estos Ángeles se encuentran con nosotros desde el momento en que nacemos, están siempre a nuestro lado en la infancia y en la juventud, ya que les atrae mucho nuestra ingenuidad y naturalidad de ver la vida, desafortunadamente estos suelen abandonarnos cuando llegamos a la edad adulta, ya que no tienen la facultad de imponer felicidad a quien no la quiera.

Ángeles del bienestar

Son los encargados del equilibrio, neutralizan nuestras energías negativas con las positivas, si nos encontramos en una situación donde nos empeñemos en estar pesimistas y ver que todo está de color negro y que no hay solución, el Ángel del bienestar se alejará momentaneamente de nosotros.

Cuando las personas llegan a conocer a este Ángel acuden a él siempre que se encuentran en alguna situación que las comprometa, por ejemplo en un estado de estrés excesivo, de negatividad, el cual sea provocado por terceras personas y en circunstancias adversas.

Ángeles de lo cotidiano

Son los que se encuentran al lado de nosotros, están aquí de hecho, muchas veces hemos tenido algún favor por parte de ellos y ni siquiera nos hemos dado cuenta, y esto no es más que por estar demasiado ocupados en nosotros mismos y en el mundo material que está a nuestro alrededor; para percatarnos de su señal, la cual siempre interpretamos como una casualidad, debemos volvernos más sensibles.

Muchas de las veces sirven para hacer cumplir nuestro destino, el que se nos ha asignado, y en tales ocasiones de su intervención lo único que pensamos es en que ha sido un capricho de la naturaleza o una jugarreta de la casualidad, o tal vez un beneficio que no esperábamos.

Si así lo queremos, es posible permitir que se acerquen a nosotros, basta mantener una actitud positiva y desprendida, esto es, que evitemos ser egoístas o interesarnos solamente en las cosas personales, ya que no nos sirve de nada, ni para hacernos ricos ni mucho menos para llamar a la buena fortuna o la suerte.

Ángeles del esfuerzo

Cuando nos sentimos abatidos y creemos que ya no podemos más por sentirnos al límite de nuestras fuerzas, podemos recurrir a los Ángeles del esfuerzo para pedirles ese empujón que nos falta para llegar a la cima, ese último suspiro antes de desfallecer.

También se requiere de nosotros una actitud positiva ante la vida, ya que de otro modo el esfuerzo resultará inútil y los Ángeles se alejarán o ni siquiera se acercarán a nosotros.

Este tipo de Ángeles se encuentran cerca de las personas que realizan deportes extremos, como los montañistas o los que atraviezan un río con rápidos, ya que se sienten atraídos por aquéllas que están dispuestas a sacrificarse por un ideal, por una acción positiva.

Ángeles de curación

Si nosotros lo deseamos ellos estarán cerca, porque, de otra manera, los apartamos con actitudes negativas como el fumar en exceso, o incluso si no tenemos un adecuado descanso, o llevamos una mala alimentación.

Si nos sentimos enfermos y necesitamos la ayuda del Ángel de la curación, tenemos que entender en primer lugar que la enfermedad que padecemos es consecuencia de un error del organismo, incluso de la mente, un acto negativo en el ya difícil equilibrio de la salud. Es y será necesario abrir nuestra mente y corazón para que el Ángel pueda ayudarnos en esa tarea del organismo.

Ángeles de la profesión

Sobre todo se encuentran entre los artistas, profesionistas, artesanos, escritores, creadores, en todas aquellas personas que a su trabajo, a sus obras, a todo lo que hacen le ponen algo de espiritualidad. Por el contrario, todo aquél que sólo busca el reconocimiento del público, la fama y el lucro personal, lo único que estará haciendo es alejar de él a estos magníficos seres.

No podemos dar una fórmula precisa ni concreta para tener un encuentro con estos Ángeles, sólo se trata de tener una actitud mental positiva, sin prejuicios de su influencia, y estar convencidos de que en nuestra mente se despertará el sentido de la creación, lo que llamamos comúnmente inspiración.

Ángel del viajero

Todos hemos realizado un viaje alguna vez en nuestra vida, y sin saberlo hemos gozado de la ayuda de uno de estos Ángeles, aunque estemos negados a reconocerlo, siempre los tenemos a nuestro lado aunque no lleguemos a solicitar su auxilio.

Para ejemplificarlo veamos más, cuando un adulto sale de viaje a una distancia mayor como en el caso de ir a otro país, se encuentra en una situación de desamparo completo, como la que sufre un niño que se ha extraviado de sus padres en medio de una multitud.

En estas circunstancias, siempre aparece el Ángel del viajero que pone ante nosotros situaciones que ayudan a resolver el problema, incluso pueden poner personas que nos ayuden y nos digan qué camino tomar para llegar fácilmente a nuestro destino, tiene también la influencia del Ángel de la salud, muy oportuna, ya que se puede presentar algún trastorno en nuestro sistema inmunológico y ocasionar alguna enfermedad.

Ángel del encuentro

Éstos nos ayudan sobretodo a encontrar cosas materiales o espirituales que habíamos perdido, son capaces de hacer que dos personas se reencuentren, a propósito del destino que cada quien tenemos marcado.

Muchas veces estos Ángeles acuden a prestarnos ayuda y ni siquiera nos damos cuenta, como por ejemplo cuando estamos buscando algo que no nos acordamos en dónde lo pusimos la noche anterior, hacemos un poco de memoria y ahí está, recordamos dónde lo habíamos dejado. También están prestos a ayudarnos cuando los invocamos de manera directa en una situación de extrema necesidad.

Ángeles de la naturaleza

Así como nosotros, todos los seres vivos y los elementos de la naturaleza, disponemos de una energía espiritual.

La naturaleza cuenta con un equilibrio, que no es más que el balance perfecto, muy oportuno, entre los espíritus y la energía de todas las formas de vida que existen y la materia de que se componen.

Para que nosotros podamos acercarnos a estos Ángeles de la naturaleza, lo único que debemos hacer es respetar ese equilibrio que existe entre todas las cosas creadas por el ser supremo. Por ejemplo, podemos tener la seguridad que un talador de árboles no puede tener la ayuda que prestan estos Ángeles, por obvias razones.

Ángeles de amor

Todos pensamos inmediatamente en cupido como el Ángel del amor, quien en realidad es el dios griego Eros, al cual, sabemos bien y por eso es la confusión, se le observa con silueta de niño y alas representando el amor y la fertilidad.

En realidad a los Ángeles de amor se les suele encontrar entre los espíritus más puros, los cuales sólo responden cuando existe en nuestras peticiones generosidad e intenciones puras. También son capaces de dar consuelo a una madre que ha perdido un hijo, atraer al Ángel de curación para aliviar a un enfermo, sembrar la esperanza de que en el más allá el amor se reencontrará, etcétera.

Entre los enamorados, el Ángel del amor sirve como mensajero, siempre y cuando éste sea sincero y desinteresado. Todos alguna vez hemos recurrido a él cuando nos encontramos en la situación de amar a alguien que no nos corresponde, y le rogamos porque nuestro amor sea compartido por la otra persona.

Aún así, todos deberíamos recurrir a este Ángel con más frecuencia, más bien deberíamos tener la obligación de buscarlo siempre, y veríamos como nuestro mundo cambiaría positivamente. Tenemos derecho a un Ángel de amor a nuestro lado, busquémoslo, seríamos más felices.

Capítulo 8

¿Por qué debemos pedir ayuda a los Ángeles?

Cuando nosotros invocamos a un Ángel, debemos hacerlo en el nombre de Dios y de su hijo Jesucristo, este Ángel se encontrará en la obligación, de acuerdo con las leyes puestas por Dios, de ayudarnos. Los Ángeles harán lo que les ordenemos, pero solamente si estamos en unión con el Creador, esto es, si nuestras peticiones están de acuerdo a la voluntad divina y nosotros estamos sometidos a esa voluntad también.

Cuando hacemos un llamado de auxilio a los Ángeles, debemos aceptar que han respondido de manera inmediata, por consiguiente lo que estaremos apreciando es que han puesto la mente de Dios en nosotros. Posteriormente, tenemos la libertad de elegir, algunos aceptaremos la mente divina y seremos curados por ella, pero otros rechazaremos esa ayuda ya sea conciente o inconscientemente.

Tenemos muchas preguntas en nuestra mente, como por ejemplo: ¿por qué debemos pedir la ayuda de los Ángeles?, ¿por qué ellos no nos ayudan sin que nosotros se lo pidamos si saben perfectamente cuándo los necesitamos?, es muy simple, porque tenemos libre albedrío. Dios nos dio este mundo en el cual habitamos y en donde nos gobernamos con nuestro libre albedrío, también realizó un pacto con nosotros, dijo simplemente que habíamos escogido vivir en un mundo donde pudiéramos ser gobernados por nosotros mismos, de manera que los Ángeles no podían interferir en nada, a menos que se lo pidiéramos e invocáramos su ayuda directamente, aceptando de antemano la voluntad de Dios.

De esta manera, ahora sabemos porqué los Ángeles no se ocupan de todo por sí solos, porqué no están ahí para evitar accidentes, o catástrofes naturales, o calamidades que ocasionan la ruina de los hombres, guerras, hambres, enfermedades, asesinatos, etcétera.

Al pasar por alto este razonamiento, mucha gente se va por la disyuntiva de creer que es Dios quien permite todas estas cosas. Esa gente no entiende lo que es el karma y la reencarnación, no comprende que nosotros somos los culpables de todo lo que nos pasa, desde el momento en que quisimos gobernarnos sin la ayuda de Dios, para tener libertad, situación que queremos por encima de todo. Si en un caso muy remoto nos detuviéramos a pensar un poco y decidiéramos que queremos estar bajo la voluntad del Creador, aun ante tal circunstancia diríamos que necesitamos más de tiempo para pensarlo, tal vez creyendo que eso va a representar una intromisión por parte de Dios en nuestros planes.

¿Por qué tenemos miedo a la voluntad de Dios?, si es algo benéfico, esa voluntad puede cambiar nuestra vida, pero lo cierto es que creemos que estamos muy bien y nos engañamos, diciendo, todo está en perfecto equilibrio.

Dios no quiere que nos volvamos unos robots los cuales hacen lo que otros les programan, Él nos dio la llama de sí mismo, puso su imagen en nuestro corazón, también su presencia que nos acompaña en todo momento, nos dio todas las cosas tomando como base nuestro libre albedrío, desgraciadamente y sin darnos cuenta, podemos apagar esa llama divina, con el simple hecho de sentir ira en contra de Dios por equivocadas

creencias religiosas o por creer que él es culpable de
todo lo malo que nos pasa es como si apagáramos la
luz de nuestra habitación y ésta quedara a oscuras.

Debemos darnos cuenta ahora que de nada nos
ha servido tener ese libre albedrío por no saber utilizar-
lo correctamente, puesto que sólo nos ha llevado a la
desgracia y la desdicha, al sufrimiento de nuestra existencia lejos de Dios, nos hemos pasado todo este tiempo dando tumbos de un lado a otro, lleguemos a la con-
clusión de que necesitamos la guía y la dirección de
Dios para poder vivir bien, y aceptemos nuestra derrota
arrepentidos por haber creído en nosotros en lugar de
haber depositado toda nuestra confianza en Él.

Estamos todavía en buen momento para dar
marcha atrás e intentar hacer la voluntad de Dios, in-
voquemos su ayuda a diario en nuestra vida y nos daremos cuenta de la maravillosa relación que tendríamos
con los Ángeles y con nuestro Padre Celestial.

Si nos resolvemos a hacer esto, debemos estar
convencidos; primero, que realmente es lo que queremos; y segundo, que no va a ser nada fácil por la
existencia de Ángeles opositores a Dios que se encuentran entre nosotros, los cuales también quieren que
nos apartemos de su camino, pero para esto contamos

con muchos más Ángeles aliados que están dispuestos a ayudarnos, si se lo pedimos, a hacer la voluntad de Dios, lo cual es lo que debemos tener en mente siempre, pidamos intensamente la ayuda y presencia divina, orando, y cuando lo hagamos seamos sinceros y aceptemos la respuesta que el ser supremo nos da.

Para estar en contacto con los Ángeles

Si queremos que los Ángeles nos guíen y estén con nosotros, debemos tener una comunicación constante, esto es, tratar al máximo de dirigirnos a ellos tantas veces sea posible, por mínimo que parezca el motivo, no importa, lo importante es la comunicación que queremos entablar, tenemos que hacer llamados todos los días, por ejemplo en algún momento de nuestra vida estaremos presentes en situaciones difíciles, como podría ser un accidente en el que nos encontremos directa o indirectamente involucrados, sería una buena oportunidad para llamar a los Ángeles y pedir su ayuda, pero la cosa no debe quedar ahí, también el momento debemos aprovecharlo para hacer un llamado general a los millones de Ángeles que existen, y pedirles por todas las personas que al igual que nosotros están pasando en ese momento por un problema similar, de esta manera podemos tener la seguridad de que hemos autorizado a muchos cientos de Ángeles para que entren en acción y presten su ayuda a todas esas personas que se encuentran en dificultades en esos momentos, además de que tal vez muchas de ellas ni siquiera saben como pedir ayuda a los Ángeles.

Desafortunadamente no podemos hacer más, ya que si en el momento en que un Ángel, por medio de nuestra súplica de ayuda, se encuentra a una persona que no la quiere, el Ángel no podrá hacer nada, puesto que éste no puede interferir con el libre albedrío de las personas.

Capítulo 9

El Arcángel Miguel
y su espada

Podemos tener la seguridad de que el Arcángel Miguel nos da la oportunidad de usar su espada en beneficio nuestro, sobre todo para liberarnos de los ataques de las malas vibraciones que los entes del bajo plano astral nos hacen llegar.

Su espada es de acero inoxidable, simbólicamente hablando, con su nombre grabado, sin filo ya que éste representa un peligro y con la punta ligeramente redondeada. La cual el Arcángel ha bendecido, para usarla en pequeños ceremoniales.

En los escritos teosóficos se afirma que un cuchillo de acero puede expulsar los entes, se dice que el acero tiene la capacidad de cortar el plano astral y las entidades. Por ejemplo, podemos tomar una espada con estas características, sabiendo de antemano que contamos con la ayuda del Arcángel Miguel, el cual previamente pondrá su espada de llama azul sobre ésta, y la pasará alrededor de nosotros con el fin de liberarnos del horrible hábito de fumar, beber, o el que sea, y de esta manera podremos cortar el ente que nos mantiene atados a estos vicios.

Cómo debemos usar la espada

Si nosotros tenemos una espada o un cuchillo de acero inoxidable y la queremos usar para purificarnos o purificar a un amigo cercano o un familiar, debemos colocarnos de la siguiente manera:

1. Juntamos los brazos a los costados del cuerpo sin moverlos, tomando una postura derecha.

2. Recitamos oraciones en voz baja dirigidas al Arcángel Miguel.

3. Ponemos la espada como si estuviéramos cortando de arriba a abajo, alrededor de nosotros pero sin que ésta llegue a tocarnos.

4. Los movimientos deben ser muy controlados, nunca movimientos bruscos o irregulares.

5. Tomamos la empuñadura con fuerza para que no se suelte y nos hagamos daño.

6. Muy importante, no soltar la espada nunca.

7. Seguimos haciendo movimientos cortantes pero con mucho cuidado y decisión.

Tomemos en cuenta que los lugares en donde más comúnmente se alojan los demonios en nuestro cuerpo son los siete chakras y la columna vertebral, los demonios que nos incitan a tener adicciones, también se pegan a la base del cerebro y a la parte de atrás del cuello, por eso tenemos que utilizar la espada alrededor de nuestro cuerpo, por todos lados, adelante, atrás, a la altura del cuello, a los lados, por encima de la cabeza, alrededor de cada una de las piernas, incluso por debajo de los pies, esto es alzando uno y pasando la espada debajo de éste y viceversa.

Debemos visualizarnos como si fuéramos árboles con las raíces de fuera, tratándose de meter en nuestro cuerpo más que en la tierra. Y la acción de la espada es cortar esas raíces que nos atan, lo que hacemos es destruir esas conexiones.

No debemos dejar de hacer oración al Arcángel
Miguel diciendo:

Amado Arcángel Miguel, libéranos,

libéranos con tu espada de llama azul,

que desciendan los rayos del relámpago azul

desde el corazón de Dios

en el gran Sol central,

que resplandezca el relámpago azul,

que resplandezca el relámpago azul.

Libera esta columna vertebral.

Rayos de relámpago azul,

liberen el cerebro y el sistema nervioso central.

Liberar todos los lugares en la columna

y en los chakras donde se trate de aferrar

la entidad de este vicio que me atrapa,

que resplandezca el relámpago azul,

que resplandezca el relámpago azul.

Que desciendan rayos de relámpago azul.

Rayos de relámpago libérenme

rayos de relámpago libérenme

rayos de relámpago libérenme

rayos de relámpago libérenme

De esta manera es como se utiliza la espada del Arcángel Miguel para liberarnos del vicio arraigado en nuestro cuerpo. Tenemos que invocar constantemente la ayuda del Arcángel Miguel, pidiéndole que ponga sobre nosotros su presencia, y su espada de llama azul sobre nuestra espada física, sin dejar de decir oraciones dedicadas a él.

Cuando esta espada pasa a través de nuestra aura, está cortando en pedazos el vicio que tenemos y que queremos que desaparezca, ahora debemos pedir que esos pedazos sean atados por los Ángeles y quemados en la llama violeta, tenemos que hacerlo las veces que sean necesarias hasta que logremos por fin deshacernos del vicio.

Algo muy importante es que esto podemos hacerlo también por nuestros seres queridos, estén o no presentes, utilizando alguna fotografía de ellos y hacer el ritual exactamente igual que lo hicimos con nosotros.

Capítulo 10

Historias de Ángeles

Papá me cuida

Patricia contaba con apenas cuatro años de edad, era una niña muy tierna y sonriente, vivía con su madre y sus cuatro hermanos mayores en una casa fuera de la ciudad. Tenía poco que su padre había fallecido, un hombre bueno y respetable, el cual tuvo un accidente en su trabajo, que lo dejó en coma durante cinco meses, y que al final su salud se complicó tanto más y murió.

Patricia y su familia tuvieron que afrontar el doloroso transe que ocasiona la pérdida de un ser querido, que en este caso se trataba del jefe de familia, quedando al frente de ésta Jorge, su hermano mayor, el cual se acababa de recibir de ingeniero y había conseguido un puesto muy importante en una compañía prestigiada. Con lo que su hermano ganaba podía mantener a su mamá, a sus tres hermanos que estudiaban en ese momento la preparatoria y la secundaria, y a Patricia que sólo se dedicaba a jugar y hacer travesuras.

Un día antes de salir de la oficina, el dueño de la compañía donde trabajaba Jorge le dio la invitación para asistir a una reunión que tendría en su casa el fin de semana, en ella le decía que le gustaría mucho que él y su familia asistieran, ya que en ésta aprovecharían para hablar del proyecto que tenía en mente, donde el dueño le había expresado días antes su interés porque Jorge se ocupara de él.

Jorge se emocionó mucho, pues sabía que eso significaba un ascenso y desde luego un aumento de sueldo, fue mucha su satisfacción pues de antemano sabía que lo había logrado gracias al trabajo tan eficiente que desempeñaba en la oficina, y recordó cómo era que su papá siempre le daba tan buenos consejos para ello, de manera que Jorge respondió que sí, inmediatamente, que sería un honor para él y su familia asistir a esa invitación.

Cuando Jorge llegó a casa, de tanta emoción que llevaba, no supo de donde le salieron las fuerzas para cargar a su mamá la cual llevaba en brazos a

Patricia, en seguida les dio la noticia a todos, ya que era la hora de cenar y se encontraban reunidos, Jorge seguía muy emocionado, más que todos, y comenzó a hacer planes diciendo que si todo salía como él lo esperaba, irían de vacaciones ese año a la playa, fue entonces cuando Patricia, también comenzó a compartir la emoción de su hermano, pues ella tenía en su corazón guardada la promesa que su padre antes de que sufriera el accidente le había hecho, él también le prometió que algún día la llevaría a conocer el mar, y para Patricia sería como si su padre se lo cumpliera por medio de su hermano.

Esa noche la cena fue algo muy especial, reinaba un ambiente agradable y lleno de emoción, todos pensando en lo que se pondrían para la reunión en esa casa tan elegante del jefe de Jorge. Éste les dijo al final de la cena que lo mejor sería ir al día siguiente al centro comercial y ahí les compraría unos vestidos muy hermosos a su mamá y a Patricia, y a sus hermanos unos trajes muy elegantes, dignos de la ocasión.

La mamá de Patricia tenía la buena costumbre de darles un beso a cada uno de sus hijos antes de irse a dormir, pero cuando entró en la habitación de Jorge, lo encontró hincado al pie de su cama y rezando, ella se acercó a él y le preguntó: "¿qué haces?",

Jorge le respondió que sólo le daba las gracias a su papá por que sabía que no lo había dejado solo al frente de la familia, y aunque no estaba presente físicamente él sentía que siempre lo tenía a su lado apoyándolo y aconsejándolo para que pudiera tomar la mejor decisión en todo lo que hacía.

La mamá de Jorge estuvo de acuerdo con él y asentó lo que su hijo decía, pues ella también tenía la plena seguridad de que su esposo continuaba velando por ellos, salió de la habitación de Jorge y se dirigió a la de Patricia, quien jugaba tirada en el suelo con sus muñecas, sorprendida la mamá por ver que todavía no se dormía, le preguntó que si quería que le leyera un cuento como lo hacía su papá todas las noches, Patricia preguntó a su mamá porqué su papá ya no estaba con ellos, su mamá no supo qué decir y lo único que se le ocurrió fue decir que por ser tan bueno en la Tierra Dios le había dado el privilegio de estar a su lado, pero que desde el cielo él los veía todo el tiempo, y terminó diciendo que le prometiera que sería obediente en la reunión con el jefe de su hermano mayor para que todo saliera bien, y su papá no se pusiera triste por ver un mal comportamiento en ella.

Cuando Patricia por fin se durmió, su mamá se fue a su habitación y sin poder resistir más, soltó el llanto, algo que hacía muy a menudo desde que su marido falleciera, al encontrarse sola se preguntaba si realmente su esposo podría estar al pendiente de ellos, o sólo era una ilusión que se fabricaban con el único fin de poder llevar más ligera la carga y la tristeza que representaba esta pérdida, con estos pensamientos en la mente, se quedó dormida, no sabía que pronto despejaría esta duda.

Mientras tanto, el día de la reunión llegó, había un tremendo alboroto y emoción por toda la casa, todos corrían de un lado para otro tratando de arreglarse lo mejor posible, una vez que quedaron listos, subieron al auto y emprendieron el camino hacia la elegante residencia del jefe de Jorge.

La casa se encontraba en una zona residencial muy lujosa y exclusiva, y la gente que vivía ahí era sumamente importante y con una situación económica demasiado buena, todas las casas que veían a su paso eran tan impresionantes que no podían dejar de admirarlas y quedar sorprendidos.

El lugar sólo presentaba un gran inconveniente las calles eran muy inclinadas, estrechas y con muchos barrancos a los lados que apenas permitían el paso de un solo coche a la vez, esto por ser una comunidad que apenas empezaba a poblar el lugar, por lo que todavía quedaban algunos tramos sin arreglar.

Por fin llegaron a la casa, Jorge estacionó el auto en una calle sumamente inclinada, cerciorándose de poner el freno de mano para evitar que el auto se fuera calle abajo, todos bajaron del coche con la misma emoción que les diera cuando Jorge les comunicó de la invitación, éste al darse cuenta que Patricia se había quedado dormida en el asiento trasero del auto se dispuso a sacarla cargando, pero en eso llegó un compañero de trabajo y lo distrajo al acercarse a él para saludarlo y presentarle a su esposa, en eso estaban y tan entretenidos todos con las presentaciones y la emoción del momento, que nadie se percató de que Patricia se había despertado, como niña que era se puso a juguetear con su muñeco de peluche que llevaba, y lanzándolo al aire se le fue al asiento delantero, como pudo la niña se pasó al frente del auto y sin darse cuenta, con el pie quitó el freno de mano, ocasionando que el automóvil comenzara a deslizarse por la calle cuesta abajo.

Para cuando todos se dieron cuenta, el auto comenzó a agarrar una velocidad desesperante, haciéndose cada vez más larga la distancia entre el auto y ellos, y mientras todos corrían tras el coche, adentro sólo se veía a Patricia con su carita de asustada que estiraba los brazos como pidiendo que la cargasen y gritaba el nombre de Jorge.

El auto había alcanzado ya una velocidad muy fuerte y mientras seguían corriendo tras él se quedaron paralizados al ver que éste alcanzaba el borde de un precipicio y caía en él con gran estruendo, en ese momento todos quedaron con una sensación de perplejidad, y sin poder comprender todavía lo que había ocurrido, el grito de la mamá de Patricia los sacó a todos de ese estado de shock.

Jorge emprendió la carrera nuevamente, y al llegar a la orilla del precipicio vio con horror que el auto se encontraba en el fondo, de cabeza y con las llantas todavía dando vueltas, con el parabrisas y vidrios de las ventanas destrozados, sentía que su corazón se salía de su pecho, pero no se detuvo y bajó por ese mismo lugar con mucha dificultad por lo inclinado, eran aproximadamente unos treinta metros de profundidad, y entre ramas y arbustos Jorge llegó al auto no sin antes caer varias veces por lo abrupto del terreno, lo que le ocasionó que la ropa se le desgarrara pero no tanto como su alma.

Sintiendo un enorme vacío en su estómago, buscó desesperadamente a su hermanita de entre los restos del autcmóvil, pero no pudo hallar rastro alguno de ella, gritaba desesperadamente su nombre sin obtener respuesta alguna, cuando de pronto vio del otro lado del auto los piececitos de Patricia que aunque llenos de tierra caminaban hacia el frente del auto, al verla, Jorge no podía creerlo, su hermanita estaba viva.

La tomó entre sus brazos y después de revisarla cuidadosamente y preguntarle si no le dolía nada, vio que se encontraba en perfectas condiciones y que no había recibido ni un rasguño, Patricia lo veía sonriendo con su carita llena de amor y ternura, y sólo le preguntó que dónde estaba su mamá, Jorge subió inmediatamente con su familia que se encontraba en la orilla del barranco esperando lo peor y cual fue su sorpresa también al ver a Jorge salir con Patricia en brazos y viva, la mamá la cogió en sus brazos y estrechándola la besó tiernamente, en ese momento agradeció a Dios por haber salvado a su hija, fue entonces cuando Patricia le dijo que no había sido Dios quien la había salvado, sino que fue su papá quien la sacó del auto cuando éste iba en el aire cayendo, y que le había preguntado que si quería irse con él al cielo o quedarse con su mamá y hermanos, y que ella le dijo que mejor quería quedarse

porque Jorge le había prometido que la llevaría a conocer el mar.

Todos soltaron el llanto y se dieron cuenta en
ese momento que era verdad, alguien desde el cielo
velaba por ellos, y sabían quién era.

El Ángel me salva del fuego

Roberto había conseguido a lo largo de diez años de
esfuerzo, mantener una bonita familia, unida y llena
de amor, además de ser un emprendedor hombre de
negocios, tenía dos hijos de cuatro y tres años muy
sanos, y una esposa que lo amaba y apoyaba en todo.
El único inconveniente era que vivían en un barrio muy
peligroso, en donde ya se había hecho común escuchar
a toda hora las sirenas de las patrullas o las discusio-
nes de los vecinos. Roberto tenía el firme propósito
de mudarse a otro lugar lo más pronto posible.

Un buen día, Roberto recibió la llamada de un
compañero de trabajo, en ella le decía que si podría
irse a vivir a su casa pues a él lo estaban trasladando a
otra ciudad para continuar ahí su trabajo y que no quería dejar la casa en manos de un desconocido, por eso
había pensado en él porque sabía de su deseo por mudarse de ese barrio, inmediatamente Roberto aceptó, y

después de colgar el teléfono, se lo comunicó a la familia, ésta se emocionó y empezaron los preparativos para la mudanza.

Pasaron tres días y a Roberto le anunciaron que tenía que viajar a otra ciudad el fin de semana para resolver un problema de trabajo, él y su esposa ya habían planeado ocupar esos días para cambiarse de casa y tenían todo listo.

Su esposa, como siempre, le dijo que no se preocupara que ella se encargaría de todo, que se fuera tranquilo al viaje y que regresara lo más pronto posible. Roberto no podía dejar de ir, así que tuvo que hacerle caso a su esposa y dejarle todo en sus manos.

Llegó el viernes y Roberto abordó el avión que lo llevaría a cumplir con su trabajo, mientras que su esposa se quedaba en casa encargada de la mudanza, ésta tuvo que llevar a los niños con una tía para que éstos no la distrajeran de la tarea.

En la mañana del sábado, llegó el camión de mudanzas y la esposa de Roberto quedó muda al ver que sólo venía un señor en él, el cual sería la única persona que la ayudaría a cargar todas las cosas, pero esto no era el problema, sino que el señor contaba con más de cincuenta años de edad, ella pensó que sería muy difícil que éste pudiera solo con todo.

Al darse cuenta de esto, el señor le dijo que no se preocupara, que todo estaba bien y que esa misma noche dormiría en su nuevo hogar.

La tarde se estropeó pues una enorme nube gris cubrió el cielo amenazando con soltar una fuerte lluvia, y así pasó, la mudanza quedó pendiente, de manera que toda la familia tuvo que quedarse esa noche a dormir en su casa, la esposa de Roberto, sabía lo peligroso de ese barrio, así que antes de irse a dormir cerró todas las puertas y ventanas con llave a modo de sentirse un poco más segura, y tomando a sus dos chiquitos, los condujo a su habitación, pero el mayor quiso pasar su última noche en su vieja recámara, entonces repartidos de tal forma todos se fueron a dormir.

Toda la noche estuvo lloviendo tan fuerte, que la esposa de Roberto se despertaba a cada rato con sobresaltos y con seguidas visitas al cuarto de su hijo para ver si se encontraba bien.

Más tarde, un rayo cayó muy cerca de la casa, tan fuerte que se sintió cómo se cimbraba toda la construcción, el niño mayor se despertó muy asustado y se levantó de la cama, corrió a la ventana para ver qué era lo que había pasado, sólo para observar una fuerte luz color rojo-naranja que se hacía cada vez más grande, al tratar de ir con su madre y su hermano, vio que esa luz le impedía el paso de la puerta de su recámara, esto no era otra cosa más que el incendio que se había provocado por un corto circuito en los fusibles.

El niño quiso bajar las escaleras para salir al patio y pedir ayuda, pero el fuego le tapaba todas las salidas y sin encontrar una ventana abierta por donde pudiera salir, ya que su madre había cerrado todas antes de irse a dormir, no le quedó más remedio que ocultarse en el armario a esperar que lo pudieran salvar, el calor y el humo empezaban a ahogarlo, mientras que él sentía que desfallecía, en ese momento, escuchó la voz de su padre que le hablaba y salió corriendo, el humo que estaba por todas partes le impedía ver con claridad, así que no pudo distinguir el rostro que tenía frente de él, sólo vio las piernas paradas delante y se abrazó fuerte a ellas, en ese momento sintió como lo cargaban y lo sacaban de ese lugar envuelto en llamas, una vez afuera en el jardín y casi a punto de desmayar, el hombre le dijo que no se moviera de ahí, que en seguida regresaba.

En eso escuchó los gritos de su madre que corría hacia donde él se encontraba, al llegar a su lado y ver que estaba bien, lo abrazó y besó agradeciendo a Dios de que estuviera con vida, y todos vieron como la casa se consumía lentamente por el fuego. Los bomberos los revisaron a todos y vieron que se encontraban bien y que no necesitarían hospitalización.

Esa noche la pasaron en casa de la hermana de Roberto, aunque inquietos todos pero sanos y salvos, al día siguiente se trasladaron a la nueva casa para arreglarla un poco y recibir a papá con buenas noticias.

La mamá le pidió a los niños que la ayudaran a limpiar, para que cuando su papá llegara la encontrara en buen estado, entonces el niño mayor le dijo a su mamá que su papá ya había llegado, pues fue quien lo sacó cargando al jardín y lo había salvado del fuego.

La mamá quedó muy confundida por esto, pero más tarde se enteraría que su esposo había muerto la noche anterior en un terrible accidente aéreo, supo que quería darle la sorpresa de que regresaría más pronto de lo que habían planeado, pues el problema de trabajo, se resolvió casi inmediatamente, dándole oportunidad de tomar el último vuelo de regreso esa misma

noche, sin contar con la fuerte tormenta que se preci-
pitaba en su camino.

Todo parecía un sueño, lo único verdadero es
que su esposo había salvado de la muerte a su hijo en
el mismo momento en que él moría.

Capítulo 11

Oraciones para
el Ángel de la Guarda

Ángel de la Guarda,
mi dulce compañía,
no me desampares
ni de noche, ni de día,
no me dejes solo,
que me perdería.
No me dejes vivir,
ni mucho menos morir
en pecado mortal.
Amén.

de mañana:

Ángel de Dios, mi guarda querido,
a quien su amor trae hacia mí,
sigue a mi lado todo el día,
para iluminarme y guardarme,
regirme y guiarme.

de tarde:

Santo Ángel del señor
el celoso cuidador,
ya que a ti me confió
la piedad divina,
rígeme, guárdame, gobiérname e ilumíname.
Amén.

de noche:

Buenas noches, mi Ángel de la Guarda,
qué pronto pasó el día;
bien o mal aprovechado, su historia
ya está escrita para siempre.
Y ahora, cordial Providencia Divina,
tu imagen pura y brillante,
cuida de mí mientras duermo.
Buenas noches mi Ángel querido.

Plegaria al Ángel de la Guarda

Santo Ángel de mi guarda
mi dulce compañía
no me desampares
ni de noche ni de día
hasta la hora en que me pongas
en los brazos del Creador.

Santo Ángel de mi guarda
semejanza del Señor
que para mí fuiste creado
para amparo y guardador.

Te suplico Ángel bendito
por tu gracia y tu poder
que me sepas defender
de los brazos del maligno,
que pongas un centinela
dentro de mi corazón
que el demonio no me vuelva perdición.

Cuídame con tu poder
y líbrame de todas las tentaciones.
Amén.

Índice

Esta obra se terminó de imprimir en Septiembre de 2004, en Editores, Impresores Fernández S.A. de C.V. Retorno 7 de sur 20 Nº 23 Col. Agrícola Oriental, México D.F. Se tiraron 1,000 ejemplares más sobrantes para reposición, correo electrónico: eif2000@prodigy.net.mx